Etudes Françaises

ENSEMBLE 1

Grammatisches Beiheft

von
Raimund Niklasch

unter Mitwirkung von
Brigitte Schröder

ERNST KLETT VERLAG
Stuttgart Düsseldorf Leipzig

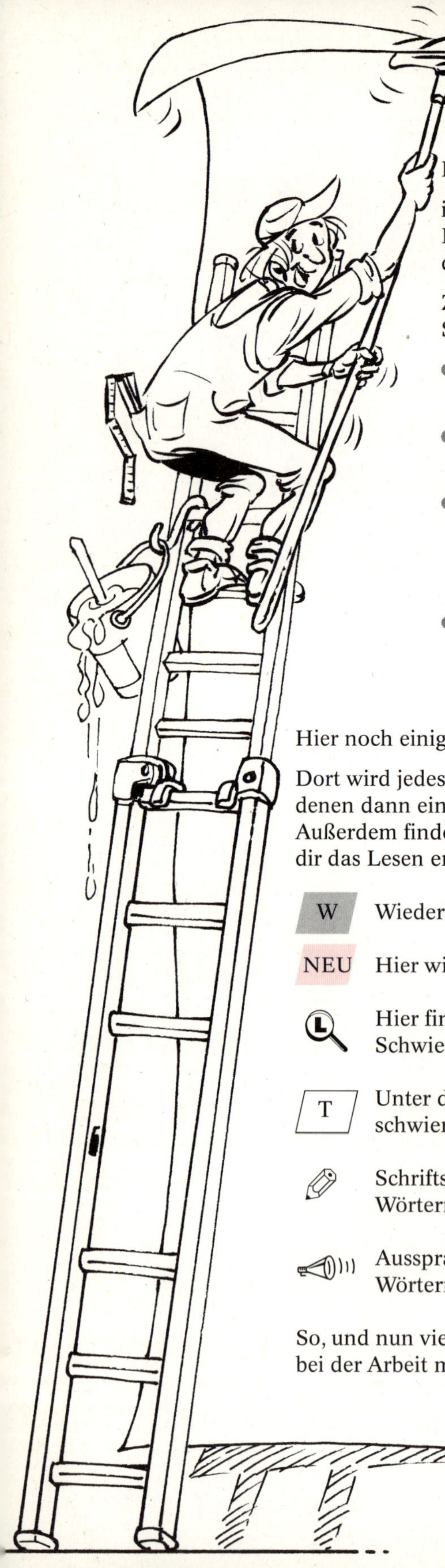

Liebe Schülerin, lieber Schüler,

ich bin Grammario.
Ich werde dich durch dieses Grammatische Beiheft begleiten, dir nützliche Tipps geben und dich auf Schwierigkeiten hinweisen.

Zunächst **einige Hinweise** für die Arbeit mit diesem Beiheft. Sie helfen dir, dich schnell darin zurechtzufinden.

- Das **Inhaltsverzeichnis** (S. 3–4) klärt dich über die grammatischen Schwerpunkte jeder Lektion auf.
- Wenn du einmal gezielt etwas nachschlagen möchtest, so ziehe am besten das **Stichwortverzeichnis** (S. 47–48) zu Rate.
- Stolperst du in einem Paragraphen über einen dir unbekannten Begriff, so besteht kein Grund zur Panik! Auf den Seiten 44–46 findest du ein **Verzeichnis aller grammatischen Begriffe** mit ihrer deutschen Entsprechung und Beispielen.
- Und nun noch etwas ganz Wichtiges: Auf den Seiten 42–43 findest du eine **Übersicht über alle Verben und Verbformen**, die du im Laufe der Arbeit mit *Ensemble 1* kennen lernst.

Hier noch einige Hinweise zu den **Grammatikkapiteln**:

Dort wird jedes grammatische Problem zunächst an **Beispielen** dargestellt, aus denen dann eine **Regel** abgeleitet wird.
Außerdem findest du in den Grammatikkapiteln eine Reihe von Symbolen, die dir das Lesen erleichtern sollen:

W — Wiederholung: Hier wird an bereits bekannten Stoff angeknüpft.

NEU — Hier wird anhand von Beispielen und Regeln der neue Stoff dargeboten.

L — Hier findest du wertvolle Lerntipps, aber auch Hinweise auf besondere Schwierigkeiten und auf Ausnahmen.

T — Unter diesem Zeichen findest du die deutsche Übersetzung von schwierigen grammatischen Begriffen.

✎ — Schriftsymbol: Es weist auf die Schreibweise (das Schriftbild) von Wörtern hin.

Aussprachesymbol: Es weist auf die Aussprache (das Lautbild) von Wörtern hin.

So, und nun viel Spaß und viel Erfolg
bei der Arbeit mit dem Grammatischen Beiheft.

Inhaltsverzeichnis

Inhaltsverzeichnis

Leçon 1

B G 1 *Voilà*

– Ah! **Voilà** Gamal.
… da ist/da kommt …

– Ah! **Voilà** Annick et Nathalie.
… da sind/da kommen …

– Ah! **Voilà** Paris*.
… da ist …

Mit *Voilà* … weist du auf Personen oder Sachen hin.
Voilà … kannst du für den Singular und den Plural verwenden.

T

der Singular = die Einzahl
der Plural = die Mehrzahl

G 2 *Qui est-ce? – C'est …*

Wir fragen nach Personen.	Wir antworten.
– **Qui est-ce?** Wer ist das?	– **C'est** Napoléon. Das ist …
– **Et ça, qui est-ce?** Und das? Wer ist das?	– C'est Marianne*.
– **Et ça?**	– C'est Alain.

* **Paris** [pari] – **Marianne** [marjan] *ist die Symbolfigur für Frankreich wie Michel für Deutschland.*

G 3 Aussagesatz und Fragesatz

Wir machen **Aussagen.**	Wir stellen **Fragen.**
C'est Sylvie **.** Das ist Sylvie.	C'est Sylvie **?** Ist das Sylvie?
C'est Daniel **.**	C'est Daniel **?**
Ça va **.**	Ça va **?**
Im Aussagesatz fällt deine Stimme zum Satzende hin ab.	Im Fragesatz steigt deine Stimme zum Satzende hin an.

Wie du beim Vergleich der beiden Kästchen siehst, kannst du im Französischen ganz leicht aus einer Aussage eine Frage bilden: Du brauchst nur deine Stimme zum Satzende hin anzuheben. Beim Schreiben darfst du allerdings das Fragezeichen nicht vergessen.

T — Eine Frage, die durch die steigende Satzmelodie (**Intonation**) gebildet wird, nennt man **Intonationsfrage**.

G 4 Der Gebrauch von ‚je/tu' und ‚moi/toi'

– **Tu es** Luc? – Oui, **je suis** Luc.	Bist du Luc? Ja, ich bin Luc.	***Je*** und ***tu*** stehen nie allein, sondern stets in Verbindung mit einem Verb.

1. – Qui est Sophie? – **Moi.**	Wer ist Sophie? Ich.	***Moi*** und ***toi*** verwendest du 1. in Sätzen **ohne Verb;**
2. – **C'est toi?** – Oui, **c'est moi.**	Bist du das? Ja, das bin ich.	2. nach ***c'est***;
3. – **Moi, je** suis Anne. Et **toi, tu** es qui? – **Moi, je** suis Marc.	**Ich** bin Anne. Und wer bist **du**? **Ich** bin Marc.	3. **zusammen** mit ***je*** und ***tu***, wenn du z. B. eine Person hervorheben willst: *moi, je …; toi, tu …*

F/D — Im Deutschen gibt es keine eigenen Formen für *moi* und *toi*. Du kannst eine Person aber durch Betonung hervorheben: **Ich** bin Sylvie.

T — das Verb = das Zeitwort/das Tätigkeitswort

Leçon 2

A G 5 Die Präposition ‚de/d'‘ – *La préposition «de/d'»*

Wir fragen nach der Herkunft. | Wir antworten.

– Tu es **de** Nantes?

– Non, je suis **d'A**ngers.

– Et toi, tu es **d'où**?

– Moi, je suis **de** Hambourg*.

Wenn das folgende Wort mit einem Vokal beginnt, wird ***de*** zu ***d'*** verkürzt.

Beachte auch bei *près de*: de + Vokal = **d'**

près **de** Lyon
près **d'A**vignon

près **de** Sophie
près **d'E**ric

T

die Präposition = das Verhältniswort
der Vokal = der Selbstlaut

* **Hambourg** [ɑ̃bur]

G 6 Das Verb ‚être' und die Subjektpronomen

W In G 4 hast du schon *je* und *tu* kennen gelernt. Sie sind im Satz immer Subjekt (Wer? Was?). Deshalb heißen sie Subjektpronomen.

NEU Nun lernst du weitere Subjektpronomen zusammen mit dem Verb *être* kennen.

1. Die Formen von ‚être' und ‚nous/vous'

être			sein	
Je suis	Florence.	Ich	bin	Florence.
Tu es	qui?	Wer	bist	du?
Julien **est**	de Marseille.	Julien	ist	aus Marseille.
Caroline **est**	d'Avignon.	Caroline	ist	aus Avignon.
Nous sommes	d'ici.	Wir	sind	von hier.
Vous‿êtes	d'où?	Woher	seid	ihr?
Anne et Michel **sont**	de Paris.	Anne und Michel	sind	aus Paris.

Die 2. Person Plural (*vous* …) kannst du auch als Höflichkeitsform (‚Sie') verwenden.

Vous‿êtes de Lille? →
- Sind **Sie** aus Lille? (eine Person)
- Sind **Sie** aus Lille? (mehrere Personen)
- Seid **ihr** aus Lille? (mehrere Personen)

Auch als Höflichkeitsform wird *vous* klein geschrieben: Monsieur, **vous**‿êtes de Lille?

2. il/elle – ils/elles

– **Julien** est d'où? – **Il** est de Marseille.	Er ist …	***Il*** steht für eine **männliche** Person.
– **Caroline** est d'où? – **Elle** est d'Avignon.	Sie ist …	***Elle*** steht für eine **weibliche** Person.
– **Luc et Pascal** sont avec qui? – **Ils** sont avec Pierre.	Sie sind …	***Ils*** verwendest du für **mehrere männliche** Personen.
– **Sylvie et Sophie** sont avec qui? – **Elles** sont avec David.	Sie sind …	***Elles*** verwendest du für **mehrere weibliche** Personen.
– **Anne et Michel** sont avec qui? – **Ils** sont avec Estelle.	Sie sind …	***Ils*** steht auch, wenn es sich um **männliche <u>und</u> weibliche** Personen handelt.

F/D Im Deutschen verwendest du sowohl für mehrere männliche als auch für mehrere weibliche Personen ‚sie'. Im Französischen musst du hingegen zwischen *ils* und *elles* wählen.

ils	sie
elles	

3. on

On est ici.	**Wir** sind hier.
On est de Lyon.	**Wir** sind aus Lyon.
On dit: …	**Man** sagt: …

- Im Französischen kann man die 3. Person Singular mit *on* für die 1. Person Plural mit *nous* verwenden, vor allem in der Umgangssprache.
- *On* kann aber auch die Bedeutung von ‚man' haben.

on	wir
	man

Da du das Verb *être* sehr häufig brauchst, musst du dir die Formen so einprägen, dass sie im Schlaf sitzen. Am besten lernst du sie in einer rhythmischen Abfolge.

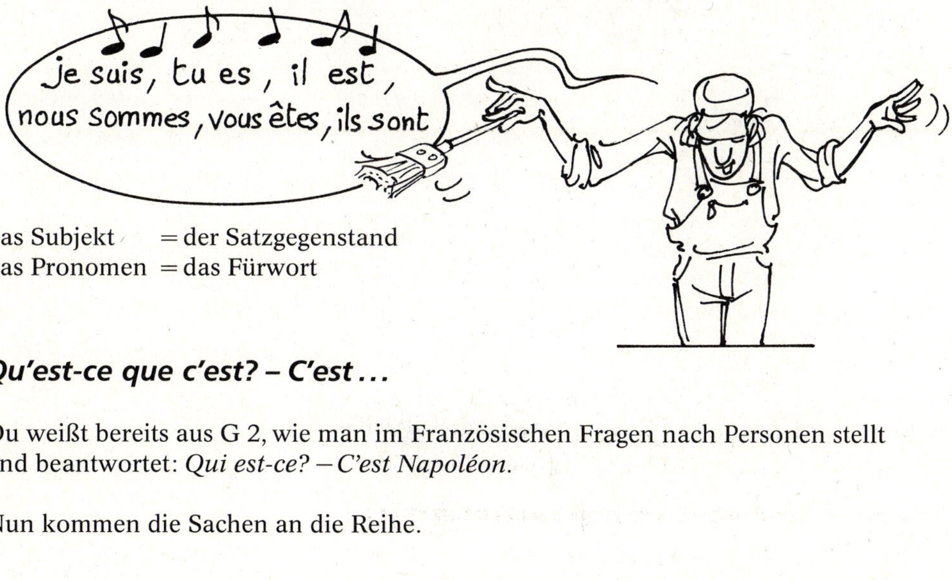

T das Subjekt = der Satzgegenstand
das Pronomen = das Fürwort

B G 7 *Qu'est-ce que c'est? – C'est …*

W Du weißt bereits aus G 2, wie man im Französischen Fragen nach Personen stellt und beantwortet: *Qui est-ce? – C'est Napoléon.*

NEU Nun kommen die Sachen an die Reihe.

Wir fragen nach Sachen.		Wir antworten.
– **Qu'est-ce que c'est?** Was ist das?		– **C'est** une feuille.
– **Et ça, qu'est-ce que c'est?** Und das? Was ist das?	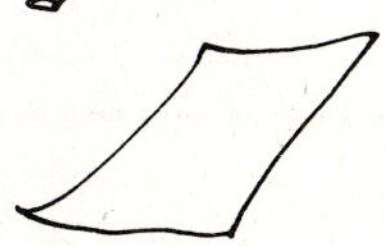	– C'est une feuille de papier.

G 8 Der unbestimmte und der bestimmte Artikel (Singular): un/une – le/la/l'
L'article indéfini et l'article défini (singulier)

F/D

Wie du weißt, gibt es im Deutschen drei grammatische Geschlechter: Maskulinum (**der** Bruder), Femininum (**die** Schwester) und Neutrum (**das** Kind).

Im Französischen gibt es hingegen nur zwei grammatische Geschlechter: Maskulinum und Femininum (*le masculin et le féminin*). Deshalb gibt es auch bei den Artikeln nur Maskulinum und Femininum. Zunächst lernst du die Artikel im Singular kennen.

Unbestimmter Artikel	Bestimmter Artikel
Ah! …	
Un pull. ein Pulli	C'est **le** pull **d'I**sabelle. der Pulli von Isabelle
Un‿anorak. ein Anorak	C'est **l'a**norak **d'E**ric. der Anorak von Eric
Une serviette. eine Schultasche	C'est **la** serviette **de** David. die Schultasche von David
Une‿adresse. eine Adresse	C'est **l'a**dresse **de** Sylvie. die Adresse von Sylvie
• Der Singular des unbestimmten Artikels heißt im Maskulinum ***un*** [ɛ̃] und im Feminium ***une*** [yn]. • Folgt nach ***un*** ein Nomen, das mit einem Vokal beginnt, so musst du das ***-n*** aussprechen und mit dem nachfolgenden Nomen verbinden: **un**‿**a**norak [ɛ̃nanɔrak]	• Der Singular des bestimmten Artikels heißt im Maskulinum ***le*** und im Femininum ***la***. • Beginnt das folgende Nomen mit einem Vokal, so werden ***le*** und ***la*** zu ***l'*** verkürzt. Ähnliches kennst du schon von der Präposition *de* her.

Die französischen Nomen haben oft ein anderes grammatisches Geschlecht als die entsprechenden deutschen Nomen:

le sac *(m.)*	=	**die** Tasche *(f.)*	**le** livre *(m.)*	=	**das** Buch *(n.)*
la chaussure *(f.)*	=	**der** Schuh *(m.)*	**la** feuille *(f.)*	=	**das** Blatt *(n.)*

Das grammatische Geschlecht eines Nomens kannst du am Artikel erkennen. Lerne deshalb jedes französische Nomen zusammen mit dem dazugehörigen Artikel.

T

der Artikel	=	das Geschlechtswort
das Maskulinum	=	das männliche Geschlecht
das Femininum	=	das weibliche Geschlecht
das Neutrum	=	das sächliche Geschlecht
das Nomen/das Substantiv	=	das Namenwort/das Hauptwort

G 9 *il/elle – ils/elles*

W Die Subjektpronomen *il/elle* und *ils/elles* kennst du schon aus G 6.
Wie du weißt, können sie Personen vertreten.

NEU Du kannst sie aber auch für Sachen verwenden.

1.	– Où est **Daniel** ? – **Il** est dans la rue.	– Où est **le tee-shirt** de Sylvie? – **Il** est là, dans le sac.
2.	– Où est **Stéphanie** ? – **Elle** est avec Anne.	– Où est **la trousse** de David? – **Elle** est dans la serviette.

1. ***Il*** steht für eine **männliche** Person oder Sache.
2. ***Elle*** steht für eine **weibliche** Person oder Sache.

1.	– Où sont **Luc et Michel** ? – **Ils** sont avec Marc.	– Où sont **le pull et le jean** de Marc? – **Ils** sont là.
2.	– Où sont **Patricia et Sophie** ? – **Elles** sont ici.	– Où sont **la trousse et la serviette** d'Anne? – **Elles** sont ici.
3.	– Où sont **Marie et Pascal** ? – **Ils** sont là.	– Où sont **la gomme et le crayon** d'Eric? – **Ils** sont dans la trousse.

1. ***Ils*** verwendest du für **mehrere männliche** Personen oder Sachen.
2. ***Elles*** verwendest du für **mehrere weibliche** Personen oder Sachen.
3. ***Ils*** steht auch, wenn es sich um **männliche <u>und</u> weibliche** Personen oder Sachen handelt.

Leçon 3

A + B G 10 *Das Nomen und der Artikel (Plural) – Le nom et l'article (pluriel)*

W Du hast bislang die französischen Nomen und den dazugehörigen Artikel nur im Singular kennen gelernt. Wie die Singularformen des Artikels heißen, weißt du aus G 8.

Unbestimmter Artikel	**Bestimmter Artikel**
un jean	**le** jean
un anorak	**l'** anorak
une rue	**la** rue
une adresse	**l'** adresse

Aus dem Lektionstext kennst du das Wort *hôtel*:
un hôtel [ɛ̃nɔtɛl] – **l'h**ôtel [lɔtɛl]
Daran erkennst du, dass *l'* auch vor stummem *h* steht.

NEU Nun lernst du den Plural des Nomens und des Artikels kennen.

1. Der Plural des Nomens

un	livre	[ɛ̃livr]	**une**	cassette	[ynkasɛt]
deux	livre**s**	[dølivr]	**deux**	cassette**s**	[døkasɛt]

Im Plural bekommen die meisten Nomen ein **-s**.
Dieses **-*s*** wird nicht ausgesprochen.

Nomen, die im Singular auf ***-eau*** enden, erhalten im Plural ein ***-x***:

un	château	[ɛ̃ʃato]
deux	château**x**	[døʃato]

2. Der Plural des Artikels

Unbestimmter Artikel	**Bestimmter Artikel**
Sur le lit, il y a **des** livres. [delivr] / **des** cassettes. [dekasɛt] / **des** anoraks. [dezanɔrak]	Ce sont **les** livres [lelivr] / **les** cassettes [lekasɛt] / **les** anoraks [lezanɔrak] de Luc.
Der Plural des unbestimmten Artikels heißt ***des***.	Der Plural des bestimmten Artikels heißt ***les***.

Vor Vokal oder stummem *h* wird das ***-s*** von ***des*** und von ***les*** gesprochen.
Es wird dann stimmhaft [z] ausgesprochen.

des anoraks	[dezanɔrak]	**les** anoraks	[lezanɔrak]
des hôtels	[dezɔtɛl]	**les** hôtels	[lezɔtɛl]

Das Aussprechen des letzten Buchstabens vor Vokal oder stummem *h* nennt man Bindung (frz.: *la liaison*).

F/E/D

Im Deutschen sowie im Englischen gibt es im Unterschied zum Französischen keinen Plural des unbestimmten Artikels.

D	ein	Museum	⟶		Museen
E	a	museum	⟶		museums
F	**un**	musée	⟶	**des**	musées

Übersicht: Der bestimmte und der unbestimmte Artikel (Singular und Plural)

bestimmter Artikel	**le**	**l'**	**la**
	les		
unbestimmter Artikel	**un**	**une**	
	des		

G 11 ‚il y a' und ‚est/sont'

Il y a und *est/sont* haben die gleiche Bedeutung: ‚ist/sind'.
Wann verwendet man *il y a* und wann *est/sont*?

– **Qu'est-ce qu'il y a** sur la table?	Was ist auf dem Tisch?
– Sur la table, **il y a** un ordinateur.	Auf dem Tisch ist (steht) ein Computer.
– Et sous le lit, **qu'est-ce qu'il y a?**	Und was ist unter dem Bett?
– Sous le lit, **il y a** des chaussures.	Unter dem Bett sind (stehen) Schuhe.

Will man wissen, **was** sich an einem Ort befindet, so fragt man mit
Qu'est-ce qu'il y a …?
In der Antwort verwendet man ***il y a.***

– **Où est** l'ordinateur?	Wo ist der Computer?
– L'ordinateur **est** sur la table.	Der Computer ist (steht) auf dem Tisch.
– **Où sont** les chaussures?	Wo sind die Schuhe?
– Les chaussures **sont** sous le lit.	Die Schuhe sind (stehen) unter dem Bett.

Will man wissen, **wo** sich etwas befindet, so fragt man mit
Où est …? oder ***Où sont …?***
In der Antwort verwendet man ***est*** oder ***sont***.

1. Steht die Ortsangabe am Satzanfang, so folgt *il y a* und nicht *est/sont.*
2. Nach *il y a* können Nomen im Singular oder Plural folgen.

   A Fontainebleau, **il y a** **un** château.
   des musées.

G 12 Die Zahlen von 1 bis 12 – *Les nombres de 1 à 12*

1. Die Zahlen von 1 bis 12 – alleinstehend

1	**un**	[ɛ̃]	5	**cinq**	[sɛ̃k]	9	**neuf**	[nœf]
2	**deux**	[dø]	6	**six**	[sis]	10	**dix**	[dis]
3	**trois**	[trwa]	7	**sept**	[sɛt]	11	**onze**	[õz]
4	**quatre**	[katr]	8	**huit**	[ɥit]	12	**douze**	[duz]

Im Französischen sind die Zahlen maskulin.

C'est **un** cinq ou **un** six?
Ist das eine Fünf oder eine Sechs?

2. Die Zahlen von 1 bis 12 – mit Nomen

Wenn die Zahlen nicht wie beim Abzählen allein stehen, sondern ein Nomen folgt, dann musst du zwei Besonderheiten der Aussprache beachten.

	allein (geschrieben)	**allein** (gesprochen)	**vor Vokal oder stummem *h*** (geschrieben)	**vor Vokal oder stummem *h*** (gesprochen)
1	un	[ɛ̃]	un hôtel une adresse	[ɛ̃nɔtɛl] [ynadrɛs]
2	deux	[dø]	deux adresses	[døzadrɛs]
3	trois	[trwa]	trois hôtels	[trwazɔtɛl]
6	six	[sis]	six anoraks	[sizanɔrak]
10	dix	[dis]	dix étagères	[dizetaʒɛr]

Wenn ein Zahlwort vor einem Nomen steht, das mit Vokal oder stummem *h* beginnt, so bindet man seinen Endkonsonanten.
Das *-s* oder *-x* von *deux, trois, six* und *dix* wird dann stimmhaft ausgesprochen.
Das kennst du bereits vom Plural des Artikels her: les adresses [lezadrɛs]

	allein (geschrieben)	**allein** (gesprochen)	**vor Konsonant** (geschrieben)	**vor Konsonant** (gesprochen)
5	cinq	[sɛ̃k]	cinq **gommes**	[sɛ̃gɔm]
6	six	[sis]	six **magazines**	[simagazin]
8	huit	[ɥit]	huit **cahiers**	[ɥikaje]
10	dix	[dis]	dix **livres**	[dilivr]

Der Endkonsonant von *cinq, six, huit* und *dix* wird nicht ausgesprochen, wenn das folgende Nomen mit einem Konsonanten beginnt.

1. Steht *quatre* vor einem Konsonanten, so hast du zwei Möglichkeiten der Aussprache:

quatre [katr] — quatre crayons: [katkrɛjõ] / [katrəkrɛjõ]

2. Vor Zahlwörtern steht nie ein Apostroph.

de ǀ **un** à douze	[dəɛ̃aduz]	von eins bis zwölf
le ǀ **huit**	[ləɥit]	die Acht

Vor Zahlwörtern wird nie gebunden.

un ǀ **un**	[ɛ̃ɛ̃]	eine Eins
les ǀ **onze** villes	[leõzvil]	die elf Städte

T

der Konsonant = der Mitlaut
der Apostroph = das Auslassungszeichen (')

C G 13 *Die Entscheidungsfrage mit ‚est-ce que'*

W

Entscheidungsfragen sind Fragen, die du mit ‚ja' oder ‚nein' beantworten kannst. In G 3 hast du die Möglichkeit kennen gelernt, mithilfe der **Intonation** (Satzmelodie) einen Aussagesatz in eine Entscheidungsfrage zu verwandeln.

– Luc est à table .	= Aussagesatz
– Luc est à table ? – Oui./Non.	= Intonationsfrage

NEU Nun lernst du eine zweite Möglichkeit kennen, Entscheidungsfragen zu bilden.

Est-ce que Luc est à table ? – Oui./Non. **Est-ce qu'** **il** est à table ? – Oui./Non.	= Entscheidungsfrage mit *est-ce que*

- Die Entscheidungsfrage kannst du auch bilden, indem du ***est-ce que*** **vor den Aussagesatz** setzt.
- Vor Vokal oder stummem *h* wird ***est-ce que*** zu ***est-ce qu'*** verkürzt.
- Die Reihenfolge der Wörter bleibt wie im Aussagesatz.
- Die Satzmelodie steigt zum Satzende hin an, wie bei der Intonationsfrage.

Leçon 4

A G 14 Die Verben auf ‚-er': Präsens – *Les verbes en «-er»: présent*

Bei Verben kann man zwischen Stamm und Endung unterscheiden:

Stamm → **regard er** ← Endung

Die meisten französischen Verben enden im Infinitiv auf ***-er***, ausgesprochen [e]. Diese Verben haben im Präsens folgende Endungen:

	raconter	[rakõte]	erzählen	**Ebenso:**
je	racont **e**	[rakõt]	ich erzähle	cherch**er**
tu	racont **es**	[rakõt]	du erzählst	jou**er**
il / elle / on	racont **e**	[rakõt]	er / sie erzählt; man erzählt/wir erzählen	prépar**er**
nous	racont **ons**	[rakõtõ]	wir erzählen	regard**er**
vous	racont **ez**	[rakõte]	ihr erzählt/Sie erzählen	téléphon**er**
ils / elles	racont **ent**	[rakõt]	sie erzählen	

- Die Verben auf ***-er*** haben im Präsens die Endungen:

-e	-ons
-es	-ez
-e	-ent

- Nur die Endungen ***-ons*** und ***-ez*** werden ausgesprochen. Alle anderen Endungen sind stumm.

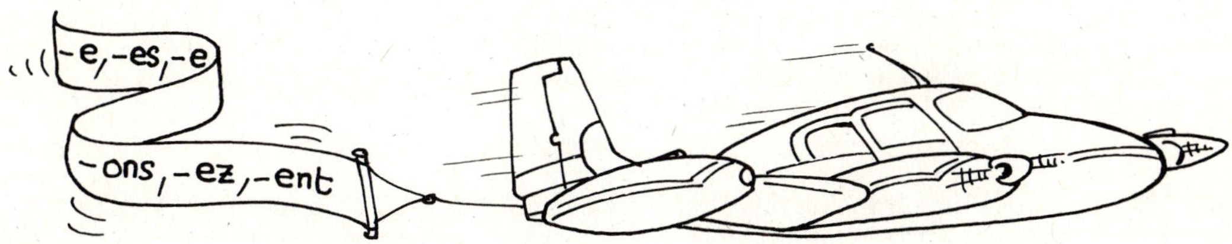

entrer	[ɑ̃tre]	**habiter**	[abite]	**Ebenso:**
eintreten/hereinkommen		wohnen		
j' **entre**	[ʒɑ̃tr]	j' **habite**	[ʒabit]	ajouter
tu **entres**		tu **habites**		écouter
il **entre**		il **habite**		
elle **entre**		elle **habite**		
on‿**entre**	[õnɑ̃tr]	on‿**habite**	[õnabit]	
nous‿**entrons**	[nuzɑ̃trõ]	nous‿**habitons**	[nuzabitõ]	
vous‿**entrez**	[vuzɑ̃tre]	vous‿**habitez**	[vuzabite]	
ils‿**entrent**	[ilzɑ̃tr]	ils‿**habitent**	[ilzabit]	
elles‿**entrent**	[ɛlzɑ̃tr]	elles‿**habitent**	[ɛlzabit]	

- Wenn das Verb mit einem Vokal oder stummem *h* beginnt, dann wird ***je*** zu ***j'*** verkürzt.
- Das ***-n*** von ***on*** und das ***-s*** von ***nous, vous, ils*** und ***elles*** werden vor Vokal und stummem *h* gebunden.

T

das Präsens = die Gegenwart
der Infinitiv = die Grundform

G 15 Der Imperativ – *L'impératif*

Im Französischen gibt es drei Imperativformen.
Mit dem Imperativ kannst du eine Aufforderung richten an:

eine Person: | Joue ... / Jouez ... | Spiele ...! / Spielen Sie ...!

mehrere Personen: | Jouez ... | Spielt ...! / Spielen Sie ...!

eine Gruppe, der du selbst angehörst: | Jouons ... | Spielen wir ...!

1. Der Imperativ Singular hat die gleiche Form wie die 1. Person Singular. — **Joue.** → je **joue**

   Die Imperative Plural haben die gleiche Form wie die 1. bzw. 2. Person Plural. — **Jouons.** → nous **jouons**; **Jouez.** → vous **jouez**

2. Achte auf den Unterschied zwischen

raconte**r**	[rakõte]	–	Infinitiv	erzählen
Raconte**z**.	[rakõte]	–	Imperativ	Erzählt!/Erzählen Sie!

T der Imperativ = die Befehlsform

G 16 *Das Verb ‚faire' – Le verbe «faire»*

W In G 6 hast du mit *être* bereits ein unregelmäßiges Verb kennen gelernt.

NEU ***Faire*** ist ein weiteres unregelmäßiges Verb.

	faire	[fɛr]	machen/tun
je	**fais**	[fɛ]	ich mache
tu	**fais**	[fɛ]	du machst
il / elle	**fait**	[fɛ]	er / sie macht
on	**fait**	[fɛ]	man macht/wir machen
nous	**faisons**	[fəzõ]	wir machen
vous	**faites**	[fɛt]	ihr macht/Sie machen
ils / elles	**font**	[fõ]	sie machen

Imperativ:

Fais	le lit.	Mache …!
Faisons	le lit.	Machen wir …!
Faites	le lit.	Macht …!/Machen Sie …!

Da du das unregelmäßige Verb *faire* sehr häufig brauchst, musst du dir die Formen gut einprägen. Am besten lernst du auch sie in einer rhythmischen Abfolge.

B G 17 *Fragen mit ‚Qu'est-ce que ...?' und ‚Que ...?'*

W — Wie man im Französischen nach Sachen fragt, weißt du bereits aus G 7 und G 11.

- **Qu'est-ce que** c'est? – C'est une BD.
- Et **qu'est-ce qu'**il y a sous la BD? – Il y a un CD.

NEU — Mit *Qu'est-ce que ...?* (Was-Frage) kannst du aber auch nach Tätigkeiten fragen.

– **Qu'est-ce que**	Muriel	écoute?	– Elle écoute un CD.
– **Qu'est-ce qu'**	elle	regarde?	– Un film sur les jeunes.
– **Qu'est-ce que**	Luc et Marc	cherchent?	– Le club théâtre.
– **Qu'est-ce qu'**	ils	préparent?	– Ils préparent une fête.
Qu'est-ce que	**Subjekt**	**Verb**	

- Nach ***Qu'est-ce que ...?*** steht das Subjekt wie im Aussagesatz vor dem Verb.
- Vor Vokal und stummem *h* wird ***Qu'est-ce que ...?*** zu ***Qu'est-ce qu'...?***

Aus den Lektionstexten kennst du auch Fragen mit *Que ...?*
Auch *Que ...?* entspricht der deutschen Was-Frage.
Wann verwendet man *Que ...?* und wann *Qu'est-ce que ...?*

– **Que**	**fait**	**Muriel?**	**Aber:** Qu'est-ce qu'**elle** fait?
– **Que**	**font**	**les jeunes?**	Qu'est-ce qu'**ils** font?
– **Que**	**dit**	**M. Saré?**	Qu'est-ce qu'**il** dit?
Que	**Verb**	**Subjekt**	

- ***Que ...?*** verwendest du bei ***fait/font*** und bei ***dit***, wenn das Subjekt ein **Namen** oder ein **Nomen** ist.
- Bei dieser Frageform steht das Subjekt nach dem Verb, wie bei der deutschen Was-Frage *(Was macht Muriel?)*.
- Ansonsten fragst du mit *Qu'est-ce que ...?*

G 18 *Das Verb ‚aimer' – Le verbe «aimer»*

aimer qc	etwas mögen/lieben	**aimer faire qc**	etwas gern tun
J'aime les BD.		**J'aime écouter** des CD.	
J'aime le rock.		**J'aime regarder** des photos.	
aimer + Nomen		**aimer + Infinitiv**	

F/D Achte auf den **bestimmten Artikel** bei aimer + Nomen.
Im Deutschen steht hingegen nach ‚mögen'/‚lieben' häufig kein Artikel.

Sophie aime	**le**	sport.	David aime	**les**	sketches.
Sophie mag		Sport.	David mag		Sketche.

* **le toilettage pour chiens** [lətwalɛtaʒpurʃjɛ̃] *Hundesalon*

Leçon 5

A G 19 Die Possessivbegleiter: mon/ma/mes – ton/ta/tes – son/sa/ses

W Lies noch einmal die Abschnitte G 8 und G 10 über den bestimmten und den unbestimmten Artikel im Singular und Plural.
Die Artikel **begleiten** immer ein Nomen: **un** film **la** radio **des** magazines
Deshalb heißen sie **Begleiter.**

NEU Nun lernst du weitere Begleiter kennen: die **Possessivbegleiter.**
Mit ihnen kannst du ein Besitzverhältnis oder eine Zugehörigkeit ausdrücken.

		le ↓		**la** ↓		**l'** ↓		**les** ↓	
Je	montre	**mon**	pull,	**ma**	radio,	**mon**	ordinateur *(m.)*,	**mes**	livres *(m.)*.
Tu	montres	**ton**	pull,	**ta**	radio,	**ton**	armoire *(f.)*,	**tes**	cassettes *(f.)*.
Il	montre	**son**	pull,	**sa**	radio,	**son**	ordinateur,	**ses**	compacts *(m.)*.
Elle	montre	**son**	pull,	**sa**	radio,	**son**	armoire,	**ses**	étagères *(f.)*.

Ist das Nomen **Singular**, so musst du zwischen maskulin ***(mon/ton/son)*** und feminin ***(ma/ta/sa)*** unterscheiden.

Vor einem Nomen, das mit einem Vokal oder stummem *h* beginnt, steht im Singular **immer *mon/ton/son***, also auch, wenn das Nomen feminin ist.

Ist das Nomen **Plural**, so gibt es nur eine Form ***(mes/tes/ses).***

F/D Bei den Possessivbegleitern unterscheidet sich das Französische vom Deutschen.

Ah! Voilà …

le frère	de Daniel.	>	**son** frère	<	**sein** Bruder
le frère	de Sophie.				**ihr** Bruder
la sœur	de Daniel.	>	**sa** sœur	<	**seine** Schwester
la sœur	de Sophie.				**ihre** Schwester
les copains	de Daniel.	>	**ses** copains	<	**seine** Freunde
les copains	de Sylvie.				**ihre** Freunde

Im Französischen richtet sich der Possessivbegleiter nur nach dem **Geschlecht des Nomens**, das er begleitet, und nicht nach dem Geschlecht des „Besitzers“.

T der Possessivbegleiter = das besitzanzeigende Fürwort

B + C

G20 Das Verb ‚mettre' – *Le verbe «mettre»*

Mettre ist ein weiteres unregelmäßiges Verb.

	mettre	[mɛtr]
	stellen/legen/anziehen	
je	**mets**	[mɛ]
tu	**mets**	[mɛ]
il/elle/on	**met**	[mɛ]
nous	**mettons**	[mɛtõ]
vous	**mettez**	[mɛte]
ils/elles	**mettent**	[mɛt]

Imperativ: **Mets** / **Mettons** / **Mettez** le coca sur la table.

G21 Das Verb ‚avoir' – *Le verbe «avoir»*

Auch ***avoir*** ist ein unregelmäßiges Verb.

	avoir	[avwar]
	haben	
j'	**ai**	[ʒe]
tu	**as**	[tya]
il/elle/on	**a**	[ila/ɛla/õna]
nous	**avons**	[nuzavõ]
vous	**avez**	[vuzave]
ils/elles	**ont**	[ilzõ/ɛlzõ]

1. Halte diese beiden Formen deutlich auseinander:

ils ont	[ilzõ]	sie haben	**avoir**
ils sont	[ilsõ]	sie sind	**être**

2. Und noch etwas ganz Wichtiges:
   Bei der **Altersangabe** verwendet man im Französischen *avoir.*

– Tu **as** quel âge? — Wie alt **bist** du?
– J' **ai** treize ans. — Ich **bin** 13 Jahre alt.

Leçon 6

A G 22 Die Possessivbegleiter: notre/nos – votre/vos – leur/leurs

W Aus G 19 kennst du schon die Possessivbegleiter im Singular.

mon	**ton**	**son**
ma	**ta**	**sa**
mes	**tes**	**ses**

NEU Nun lernst du die Possessivbegleiter der 1. bis 3. Person Plural kennen.

mehrere „Besitzer"

le + la

Nous cherchons	**notre**	chien *(m.)*	... unseren Hund
et	**notre**	copine. *(f.)*	... unsere Freundin
Vous cherchez	**votre**	chien	... euren Hund
et	**votre**	copine.	... eure Freundin
Ils cherchent	**leur**	chien	... ihren Hund
et	**leur**	copine.	... ihre Freundin

les

Nous cherchons	**nos**	chiens	... unsere Hunde
et	**nos**	copines.	... unsere Freundinnen
Vous cherchez	**vos**	chiens	... eure Hunde
et	**vos**	copines.	... eure Freundinnen
Ils cherchent	**leurs**	chiens	... ihre Hunde
et	**leurs**	copines.	... ihre Freundinnen

ein „Besitzgegenstand"

mehrere „Besitzgegenstände"

Die Possessivbegleiter der 1. bis 3. Person Plural werden verwendet, wenn es sich um **mehrere „Besitzer"** handelt. Sie heißen:

notre, ***votre***, ***leur*** } vor Nomen im **Singular**

nos, ***vos***, ***leurs*** } vor Nomen im **Plural**

1. Vor Vokal und stummem *h* wird das **-s** von ***nos, vos, leurs*** gebunden.

   nos‿**é**lèves [nozelɛv] vos‿**h**ôtels [vozɔtɛl]

2. *Votre* und *vos* kannst du auch als Höflichkeitsform verwenden.

   C'est **votre** voiture? < ... **Ihr** Auto? / ... euer Auto?

   Ce sont **vos** magazines? < ... **Ihre** Magazine? / ... eure Magazine?

G 23 Das Verb ‚prendre' – *Le verbe «prendre»*

Prendre ist ein weiteres unregelmäßiges Verb.

	✎	🔊
	prendre	[prɑ̃dr]
	nehmen	
je	**prends**	[prɑ̃]
tu	**prends**	[prɑ̃]
il/elle/on	**prend**	[prɑ̃]
nous	**prenons**	[prənɔ̃]
vous	**prenez**	[prəne]
ils/elles	**prennent**	[prɛn]

Imperativ: **Prends** / **Prenons** / **Prenez** un coca.

B G 24 Wir geben Mengen an.

Muriel fait les courses avec Jean-Luc.

– Tu prends	**combien**	(de)	pêches?	… wie viele	Pfirsiche
– Je prends	**un kilo**	(de)	pêches	… ein Kilo	Pfirsiche
et aussi	**deux kilos**	(d')	oranges	… zwei Kilo	Orangen
et	**une bouteille**	(de)	lait.	… eine Flasche	Milch

Mengenangabe + de / d' + Nomen

- Im Französischen steht zwischen Mengenangabe und folgendem Nomen ***de***.
- Dies gilt auch für die Frage mit *Combien …?*
- Vor Vokal und stummem *h* wird ***de*** zu ***d'*** verkürzt.

F/E/D Ähnliches kennst du aus dem Englischen, nicht aber aus dem Deutschen.

F	une bouteille	**de**	coca
E	a bottle	**of**	coke
D	eine Flasche		Cola

G 25 Das Verb ‚acheter' – *Le verbe «acheter»*

W Die Verben auf ***-er*** kennst du schon aus G 14.

NEU Auch ***acheter*** ist ein Verb, das auf *-er* endet.
Bei ihm gibt es jedoch einige Besonderheiten der Schreibung und der Aussprache.

acheter (kaufen)	[aʃte]
j' **achète**	[aʃɛt]
tu **achètes**	[aʃɛt]
il/elle/on **achète**	[aʃɛt]
nous **achetons**	[aʃtõ]
vous **achetez**	[aʃte]
ils/elles **achètent**	[aʃɛt]

Imperativ: Achète / Achetons / Achetez une baguette.

- Ein – ***e*** – steht immer dann, wenn die Endung der Verbform ausgesprochen wird *(nous achetons, vous achetez)*. Dieses – ***e*** – ist jedoch stumm.
- Alle anderen Formen bekommen ein – ***è*** –, gesprochen [ɛ].

G 26 *Das direkte und das indirekte Objekt: Die Stellung der Satzglieder im Aussagesatz*

1.

Nathalie	**regarde**	**Annick.**		
Nathalie	**montre**	**des photos.**		
Elle	**montre**	**des photos**	**à**	**Annick.**
Elle	**raconte**	**une histoire**	**à**	**Annick.**
		direktes Objekt „Wen oder Was?"	indirektes Objekt „Wem?"	

- Das direkte Objekt wird ‚direkt', d. h. ohne Präposition, an das Verb angeschlossen.
- Das indirekte Objekt wird ‚indirekt', d. h. mit einer Präposition (meist *à*), an das Verb angeschlossen.

2.

David donne **une cassette** **à** **Jean-Luc.**

David gibt **Jean-Luc** **eine Kassette.**

Die Reihenfolge der Objekte ist im Französischen anders als im Deutschen. Im Französischen steht **das [d]irekte Objekt meist vor dem [i]ndirekten Objekt.**

Meist helfen dir die Fragen „Wen oder Was?" und „Wem?", um festzustellen, was direktes und was indirektes Objekt ist.

Also: „**Wen** schaut Nathalie an?"
„**Was** zeigt Nathalie?"
„**Wem** zeigt sie Fotos?"

Dieses Verfahren funktioniert aber nicht immer, z. B. nicht bei *écouter* (in der Bedeutung von jdm. zuhören).

Alain écoute **sa sœur.** = direktes Objekt
Deutsch: **Wem** hört Alain zu?

Lerne deshalb die französischen Verben immer zusammen mit ihren Ergänzungen, also z. B.:

regarder **qn** montrer **qc à qn** écouter **qn**

T das Objekt = die Satzergänzung

G 27 *Die Zahlen von 13 bis 1000 – Les nombres de 13 à 1000*

W In G 12 hast du die Zahlen von 1 bis 12 kennen gelernt.

NEU Nun geht es Schritt für Schritt weiter bis 1000.

1. Die Zahlen von 13 bis 19

13	treize	[trɛz]	17	dix-sept	[disɛt]
14	quatorze	[katɔrz]	18	dix-huit	[dizɥit]
15	quinze	[kɛ̃z]	19	dix-neuf	[diznœf]
16	seize	[sɛz]			

Ab 17 werden die Zahlen aus einem Zehner und einem Einer gebildet und **mit Bindestrich** geschrieben.

2. Die Zahlen von 20 bis 69

20	vingt	[vɛ̃]	30	trente	[trɑ̃t]
21	vingt **et** un	[vɛ̃teɛ̃]	31	trente **et** un	[trɑ̃teɛ̃]
22	vingt-deux	[vɛ̃tdø]	32	trente-deux	[trɑ̃tdø]
23	vingt-trois	[vɛ̃ttrwa]	40	quarante	[karɑ̃t]
24	vingt-quatre	[vɛ̃tkatr]	41	quarante **et** un	[karɑ̃teɛ̃]
25	vingt-cinq	[vɛ̃tsɛ̃k]	42	quarante-deux	[karɑ̃tdø]
26	vingt-six	[vɛ̃tsis]	50	cinquante	[sɛ̃kɑ̃t]
27	vingt-sept	[vɛ̃tsɛt]	51	cinquante **et** un	[sɛ̃kɑ̃teɛ̃]
28	vingt-huit	[vɛtɥit]	52	cinquante-deux	[sɛ̃kɑ̃tdø]
29	vingt-neuf	[vɛtnœf]	60	soixante	[swasɑ̃t]
			61	soixante **et** un	[swasɑ̃teɛ̃]
			69	soixante-neuf	[swasɑ̃tnœf]

- Bei den Zahlen 21, 31, 41, 51, 61 wird die **1** jeweils mit ***et*** angeschlossen, und zwar **ohne Bindestrich** *(vingt **et** un)*.
- Die Zahlen **2 bis 9** werden dagegen ohne *et*, aber **mit Bindestrich** angeschlossen *(trente-six)*.

Stehen die Zahlen mit **1** (21, 31, 41, 51, 61) vor einem **femininen** Nomen, so wird aus *un* ein ***une***.

trente et **une** filles

3. Die Zahlen von 70 bis 99

70 soixante-dix

71 soixante **et** onze
72 soixante-douze
79 soixante-dix-neuf

80 quatre-vingt**s**

81 quatre-ving**t-un**
82 quatre-vingt-deux
89 quatre-vingt-neuf
90 quatre-vingt-dix
91 quatre-ving**t-onze**
92 quatre-vingt-douze

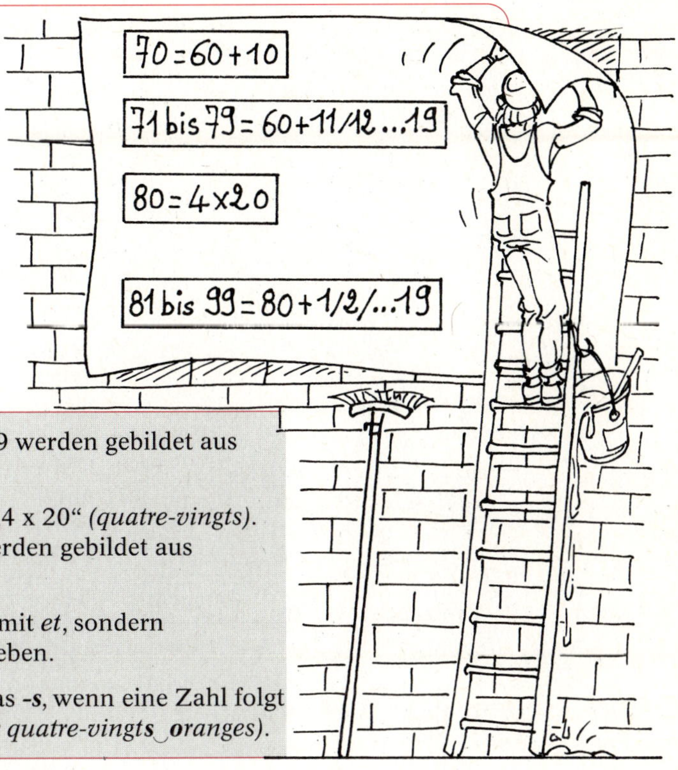

- Die Zahlen von 70 bis 79 werden gebildet aus „60 + 10/11/12 ... 19“.
- Die Zahl 80 entspricht „4 x 20“ *(quatre-vingts)*. Die Zahlen 81 bis 99 werden gebildet aus „80 + 1/2/3 ... 19“.
- 81 und 91 werden nicht mit *et*, sondern **mit Bindestrich** geschrieben.
- *Quatre-vingts* verliert das **-s**, wenn eine Zahl folgt *(quatre-vingt-deux,* aber *quatre-vingts‿oranges)*.

4. Die Zahlen von 100 bis 1000

100	cent	[sɑ̃]
101	cent un	[sɑ̃ɛ̃]
199	cent quatre-vingt-dix-neuf	
200	deux cent**s**	
202	deux cen**t deux**	
300	trois cent**s**	
400	quatre cent**s**	
500	cinq cent**s**	
600	six cent**s**	
700	sept cent**s**	
800	huit cent**s**	
900	neuf cent**s**	
1000	mille	[mil]

- Ab 200 bekommen die vollen Hunderter ein **-s**.
- *Cents* verliert das **-s**, wenn eine Zahl folgt (*trois cent deux,* aber *trois cents‿artichauts)*.

Leçon 7

A G28 Das Verb ‚aller' – *Le verbe «aller»*

Auch ***aller*** ist ein unregelmäßiges Verb.

aller		[ale]
gehen/fahren		
je	**vais**	[ʒəvɛ]
tu	**vas**	[tyva]
il/elle/on	**va**	[il/ɛl/õva]
nous‿	**allons**	[nuzalõ]
vous‿	**allez**	[vuzale]
ils/elles	**vont**	[il/ɛlvõ]

Imperativ: **Va** / **Allons** / **Allez** à Fontainebleau, il y a un château super.

Achte auf die Präposition nach *aller*.

Je vais	**à**	Fontainebleau.	**Ort**
	dans	ma chambre.	
	en	ville.	
Je vais	**chez**	Frédéric.	**Personen**
	chez	ma copine.	

G 29 Die Verneinung mit ‚ne … pas' – *La négation avec «ne … pas»*

Marco à Nathalie:

– Tu fais les courses?
– Non, je **ne** **fais** **pas** les courses.

– Tu vas chez Régis?
– Non, je **ne** **vais** **pas** chez Régis.

– C'est ton chien?
– Non, ce **n'** **est** **pas** mon chien.

– Régis habite à Avon?
– Non, il **n'** **habite** **pas** à Avon.

Im Französischen wird die Verneinung mit **zwei Verneinungswörtern** gebildet, mit ***ne*** und ***pas.*** Sie umschließen das Verb.
Vor Vokal oder stummem *h* wird ***ne*** zu ***n'*** verkürzt.

W Aus G 15 kennst du schon die Formen des Imperativs.
Natürlich kannst du auch Imperative verneinen.

NEU

Ne **fais** **pas** ça.	Mach das nicht!
Ne **restons** **pas** ici.	Lasst uns nicht … bleiben!
N' **entrez** **pas** dans ma chambre.	Geht/Gehen Sie nicht …!

Die Verneinung ***ne … pas*** umschließt den Imperativ.
Beginnt der Imperativ mit einem Vokal oder einem stummen *h*,
wird ***ne*** zu ***n'*** verkürzt.

1. Wenn Franzosen ungezwungen miteinander reden, sprechen sie das *ne* häufig [n] aus oder lassen es ganz weg, also:

   geschrieben: Je **ne** travaille **pas**.
   gesprochen: [ʒən̲travajpa] oder [ʒtravajpa]

2. Das *ne* entfällt in verkürzten Sätzen ohne Verb.

   – Tu vas en ville avec moi?
   – Oui, mais **pas** maintenant.

   – Tu danses?
   – Oui, mais **pas** avec toi.

B G30 *Fragen mit einem Fragewort und ‚est-ce que'*

W Du weißt aus G13, dass man mit der Frageformel *est-ce que* Entscheidungsfragen bilden kann.

NEU Mit *est-ce que* kannst du aber auch Ergänzungsfragen bilden.
Ergänzungsfragen kannst du nicht mit ‚ja' oder ‚nein' beantworten.
Sie enthalten immer ein Fragewort.
Sie entsprechen den **Wortfragen** oder **W-Fragen** im Deutschen.
(**W**ann?/**W**o?/**W**arum?...)

Pourquoi	**est-ce que**	Jean-Luc	va	en ville?	Warum ...?
Où	**est-ce qu'**	il	attend	Muriel?	Wo ...?
Quand	**est-ce que**	Muriel	arrive	devant la poste?	Wann ...?
Fragewort	**est-ce que** **est-ce qu'**	**Subjekt**	**Verb**	**Ergänzung**	

- Die Frageformel ***est-ce que*** steht nach dem Fragewort.
- Vor Vokal und stummem *h* wird ***est-ce que*** zu ***est-ce qu'***.
- Nach ***est-ce que*** bleibt die Reihenfolge der Wörter wie im Aussagesatz: Subjekt – Verb – Ergänzung.
- Die Satzmelodie ist fallend.

F/D Beachte den Unterschied zum Deutschen bei der Wortstellung.

Sophie kommt nach Hause.	Sophie rentre.
Wann kommt Sophie nach Hause?	**Quand est-ce que** Sophie rentre?

In der Umgangssprache begegnen dir häufig Ergänzungsfragen mit nachgestelltem Fragewort, z. B.

G31 *Die Uhrzeit – L'heure*

Bei der Uhrzeit musst du, wie im Deutschen, zwischen umgangssprachlichen und offiziellen Zeitangaben unterscheiden.

1. Umgangssprachliche Zeitangaben

Zuerst lernst du, wie man die vollen Stunden, die halben Stunden und die Viertelstunden in der Umgangssprache angibt.

– Il est quelle heure?	Wie viel Uhr ist es?
– Il est …	Es ist …
une heure	ein Uhr
deux heures	zwei Uhr
deux heures **et quart**	Viertel nach zwei
deux heures **et demie**	halb **drei**
trois heures **moins le quart**	Viertel vor drei
midi	zwölf Uhr (mittags)
minuit	zwölf Uhr (nachts)

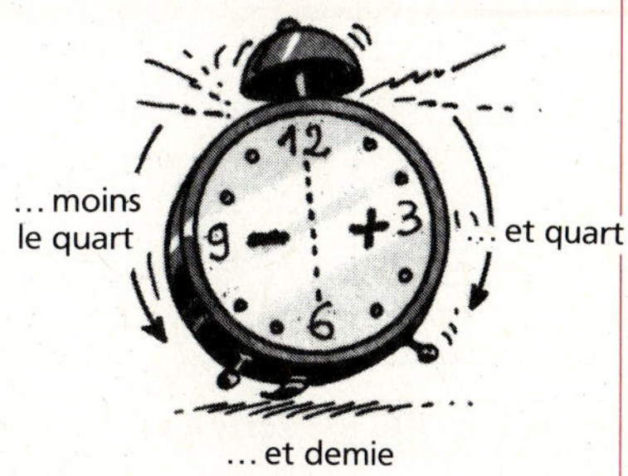

- Abweichend vom Deutschen steht *heure* ab *deux heures* im Plural.
- Die halbe Stunde wird im Französischen zur vorhergehenden Stunde hinzugezählt.
- Bei ‚Viertel nach' *(… et quart)* steht kein Artikel.
  Bei ‚Viertel vor' *(… moins* ***le*** *quart)* muss der bestimmte Artikel stehen.

Nun erfährst du Weiteres zur Angabe der Uhrzeit in der Umgangssprache.

	Il est …	Es ist …
04:05	quatre heures cinq	5 nach 4
04:10	quatre heures dix	10 nach 4
04:15	quatre heures et quart	Viertel nach 4
04:25	quatre heures vingt-cinq	5 vor halb 5
04:30	quatre heures et demie	halb 5
04:35	cinq heures **moins** vingt-cinq	5 nach halb 5
04:45	cinq heures **moins** le quart	Viertel vor 5
11:55	midi **moins** cinq	5 vor 12
23:55	minuit **moins** cinq	5 vor 12

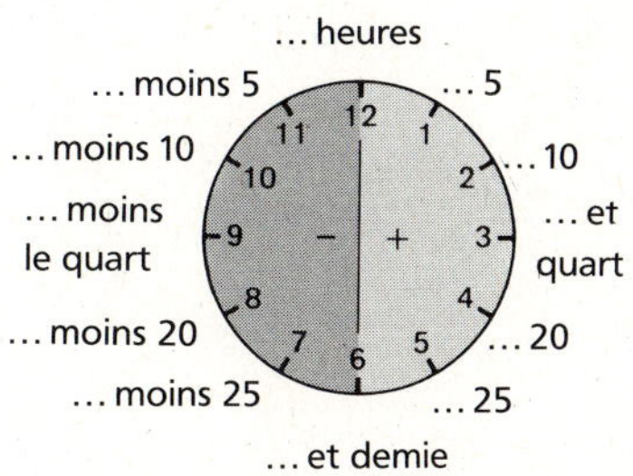

- In der **Umgangssprache** werden die **Stunden** ab Mittag und ab Mitternacht von 1 bis 12 gezählt.
  Aber: *Il est* ***midi***. (12 Uhr mittags); Il est ***minuit*** (12 Uhr nachts).
- Die **Minuten** werden bis halb zur vorhergehenden Stunde hinzugezählt.
  Nach halb werden die Minuten von der folgenden Stunde abgezogen.

2. Offizielle Zeitangaben

	Il est …	Es ist …
13:05	treize heures cinq	13 Uhr 5
16:15	seize heures quinze	16 Uhr 15
18:25	dix-huit heures vingt-cinq	18 Uhr 25
19:30	dix-neuf heures trente	19 Uhr 30
21:35	vingt et **une** heures trente-cinq	21 Uhr 35
22:45	vingt-deux heures quarante-cinq	22 Uhr 45
00:55	zéro heure cinquante-cinq	0 Uhr 55
12:55	douze heures cinquante-cinq	12 Uhr 55

Bei **offiziellen Zeitangaben** werden wie im Deutschen die **Stunden** von 0 bis 24 und die **Minuten** von 1 bis 59 gezählt.

Beachte: Il est 2 heures 1. = deux heures **une**

G 32 Der Gebrauch von ‚comme' und ‚comment'

Comme und *comment* sind leicht zu verwechseln.
Wann gebrauchst du *comme* und wann *comment*?

Pierre est **comme** Daniel.
Pierre ist **wie** Daniel. — **Vergleich**

Comment ça va?
Wie geht's? — **Frage**

Vergleichst du Personen oder Gegenstände miteinander, so verwende ***comme***.
In einer **Frage** verwendest du dagegen ***comment***.

Leçon 8

A + B

G 33 Die Wochentage
Les jours de la semaine

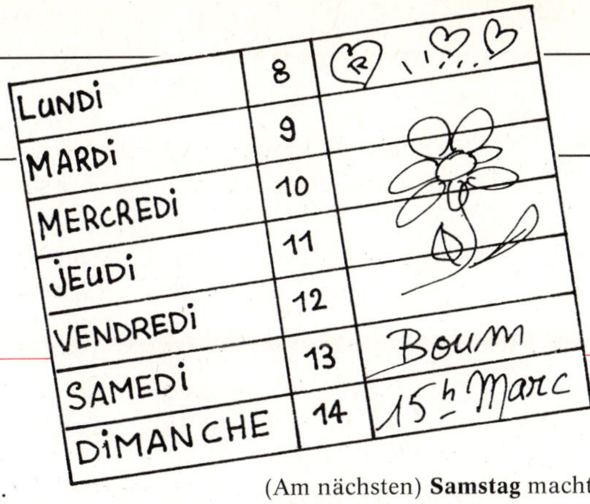

Samedi, Annick fait une boum.	(Am nächsten) **Samstag** macht Annick eine Fete.
Dimanche, elle a rendez vous avec Marc.	(Am nächsten) **Sonntag** ist sie mit Marc verabredet.
Le samedi, Muriel va toujours en ville.	**Samstags** geht Muriel immer in die Stadt.
Le dimanche, Luc regarde toujours la télé.	**Sonntags** sieht Luc immer fern.

- Der Wochentag steht **ohne Artikel,** wenn ein **einziger bestimmter Tag** gemeint ist.
- Der Wochentag steht **mit dem bestimmten Artikel,** wenn etwas **regelmäßig** an diesem Tag stattfindet.

	samedi
le	samedi

Findet etwas regelmäßig zu einer Tageszeit statt, so steht ebenfalls der bestimmte Artikel.

Le soir, j'écoute toujours la radio. — **Abends** höre ich immer Radio.

G 34 Die Präposition ‚à' und der bestimmte Artikel: à/au/à la/à l'/aux

W — In G 26 hast du gelernt, dass die Präposition ***à*** häufig vor einem indirekten Objekt steht.

NEU — Wenn die Präposition ***à*** mit den bestimmten Artikeln ***le*** und ***les*** zusammentrifft, musst du Besonderheiten beachten.

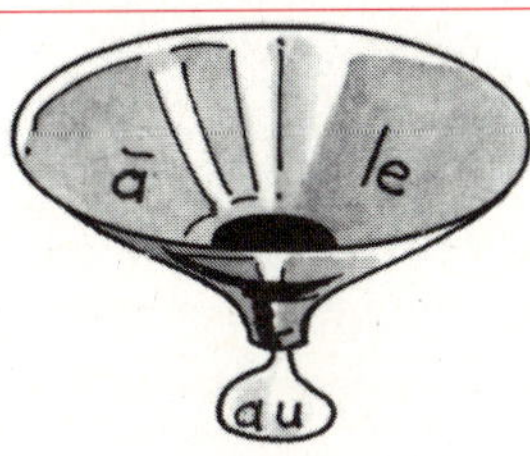

Muriel donne un livre **au** prof.
Muriel gibt dem Lehrer ein Buch.

Le prof montre un film **aux** élèves.
Der Lehrer zeigt den Schülern einen Film.

Die Präposition ***à*** verschmilzt mit den Artikeln ***le*** und ***les*** zu ***au*** und ***aux.***

~~à + le~~ →	**au**	[o]
~~à + les~~ →	**aux**	[o]

1. Die Verschmelzung findet **nur** bei den bestimmten Artikeln ***le*** und ***les*** statt. In allen anderen Fällen verändert sich nichts, z. B.:

David dit bonjour	**à**	Jean-Luc.
	à la	sœur de Muriel.
	à l'	ami de Jean-Luc.
	à sa	copine.
	à un	prof.
	à des	copains.

2. Auch bei Ortsbestimmungen findet die Verschmelzung statt.

Le journaliste va	**au**	théâtre.
	au	cinéma.

G 35 *Zeit- und Ortsangaben: Die Stellung der Satzglieder im Aussagesatz*

	David	fait	les courses	**à Avon** .
Au supermarché,	il	rencontre	Jean-Luc.	
Ort	Subjekt	Verb	Objekt	Ort
	Sylvie	a	cours	**le samedi matin** .
Le soir,	elle	regarde	la télé.	
Zeit	Subjekt	Verb	Objekt	Zeit

Im Französischen können Zeit- und Ortsangaben am Anfang oder am Ende des Satzes stehen, in der Regel jedoch nicht in der Mitte.

Stehen eine Orts- und eine Zeitangabe am Satzende, so gilt: **Ort vor Zeit.**

Les Bernot vont **au cinéma le vendredi soir**.

F/E/D

Im Französischen und im Englischen steht das Subjekt vor dem Verb, und zwar auch, wenn am Satzanfang eine Zeit- oder Ortsangabe steht. Anders verhält es sich im Deutschen.

F	**Le samedi,**	Anne	reste		à la maison.
E	**On Saturdays**	Anne	stays		at home.
D	**Samstags**		bleibt	Anne	zu Hause.

C G 36 Die Verben auf ‚-dre' – *Les verbes en «-dre»*

W Seit G 14 kennst du alle Präsensformen der regelmäßigen Verben auf ***-er.*** Außerdem sind dir einige unregelmäßige Verben bekannt:

être (G 6), ***faire*** (G 16), ***mettre*** (G 20), ***avoir*** (G 21), ***prendre*** (G 23), ***aller*** (G 28)

NEU Nun lernst du eine **zweite Gruppe regelmäßiger Verben** kennen: die Verben auf ***-dre*** .

	répon**dre**	[repɔ̃dʀ]		atten**dre**	[atɑ̃dʀ]
	antworten			warten	
je	répond **s**	[repɔ̃]	**j'**	**attends**	[ʒatɑ̃]
tu	répond **s**	[repɔ̃]	tu	attend**s**	[tyatɑ̃]
il / elle / on	répon **d**	[repɔ̃]	il	atten**d**	[ilatɑ̃]
			elle	atten**d**	[ɛlatɑ̃]
			on	atten**d**	[ɔ̃natɑ̃]
nous	répond **ons**	[repɔ̃dɔ̃]	nous	attend**ons**	[nuzatɑ̃dɔ̃]
vous	répond **ez**	[repɔ̃de]	vous	attend**ez**	[vuzatɑ̃de]
ils / elles	répond **ent**	[repɔ̃d]	ils	attend**ent**	[ilzatɑ̃d]
			elles	attend**ent**	[ɛlzatɑ̃d]

Imperativ:

Répond**s**.
Répond**ons**.
Répond**ez**.

Imperativ:

Attend**s**.
Attend**ons**.
Attend**ez**.

- Die Verben auf ***-dre*** haben im Präsens die Endungen ***-s, -s, -d, -ons, -ez, -ent.***
- Nur die Endungen ***-ons*** und ***-ez*** werden ausgesprochen.

Beachte die Aussprache:

il/elle	répond	[repɔ̃]	il/elle	attend	[il/ɛlatɑ̃]
ils/elles	répon **d** ent	[repɔ̃d]	ils/elles	atten **d** ent	[il/ɛlzatɑ̃d]

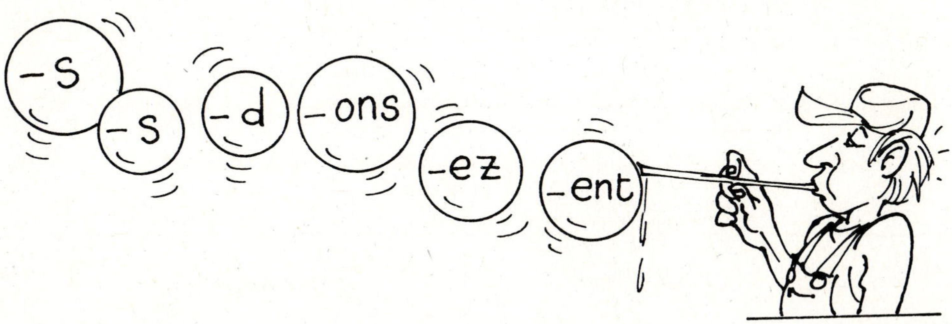

G 37 Die direkten Objektpronomen ‚le/la/les'

W Was ein direktes Objekt ist, hast du in G 26 gelernt.

NEU Das direkte Objekt kannst du durch ein Pronomen ersetzen.
Dieses Pronomen heißt **direktes Objektpronomen.**

1. Formen

Muriel téléphone à Annick:

– Tu cherches	**le CD**	de «Météores»?	– Oui, je	**le**	cherche.
– Tu as	**le CD**	de «Dynamite»?	– Oui, je	**l'**	**ai**.
– Tu aimes	**la jupe**	de Sylvie?	– Non, je	**la**	déteste.
– Tu attends	**Nathalie?**		– Oui, je	**l'**	attends.
– Alain fait	**les courses**	aujourd'hui?	– Non, il	**les**	fait demain.
– Il invite	**ses amis**	à la boum?	– Oui, il	**les**	invite.

Die direkten Objektpronomen heißen ***le, la, les.***

- ***Le*** steht für ein **maskulines** Nomen im Singular.
- ***La*** steht für ein **feminines** Nomen im Singular.
- ***Les*** steht für ein **maskulines oder feminines** Nomen im **Plural**.

Vor Vokal oder stummem *h* werden ***le*** und ***la*** zu ***l'*** verkürzt.

2. Stellung

Nathalie?	Je **la** **cherche.**	**Je** **ne** **la** trouve **pas**.
	Ich suche **sie** .	Ich finde sie nicht.

- Anders als im Deutschen stehen im Französischen die Objektpronomen **vor dem Verb**.
- ***Ne … pas*** umschließen Objektpronomen + Verb.

Leçon 9

A G 38 Die Präposition ‚de' und der bestimmte Artikel: de/du/de la/de l'/des

W Wie du weißt, verschmilzt die Präposition ***à*** mit den Artikeln ***le*** und ***les*** zu ***au*** und ***aux*** (G 34).

NEU Eine ähnliche Verschmelzung findet statt, wenn die Artikel ***le*** und ***les*** mit der Präposition ***de*** zusammentreffen.

Luc regarde une photo **du** château.
... von dem Schloss.

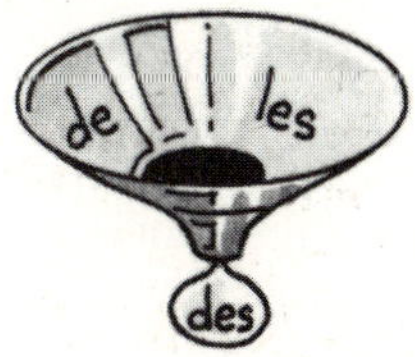

Anne fait le numéro **des** Bernot.
... der Bernots.

Die Präposition ***de*** verschmilzt mit den Artikeln ***le*** und ***les*** zu ***du*** und ***des.***

~~de + le~~ → **du** [dy]
~~de + les~~ → **des** [de]

Die Verschmelzung findet **nur** bei den bestimmten Artikeln ***le*** und ***les*** statt. In allen anderen Fällen ändert sich nichts, z. B.:

Annick parle	**de**	Régis.
	de la	boum de David.
	de l'	ami de Nathalie.
	d'un	film super.

B G 39 Die Verben ‚vouloir' und ‚pouvoir' – *Les verbes «vouloir» et «pouvoir»*

Vouloir und ***pouvoir*** sind zwei weitere unregelmäßige Verben.

	vouloir	[vulwar]
	wollen	
je	**veux**	[vø]
tu	veu**x**	[vø]
il/elle/on	veu**t**	[vø]
nous	**voulons**	[vulõ]
vous	**voulez**	[vule]
ils/elles	**veulent**	[vœl]

	pouvoir	[puvwar]
	können	
je	**peux**	[pø]
tu	peu**x**	[pø]
il/elle/on	peu**t**	[pø]
nous	**pouvons**	[puvõ]
vous	**pouvez**	[puve]
ils/elles	**peuvent**	[pœv]

– Tu **veux** **aller** à la piscine?
– Non, je **ne** **peux** **pas** **aller** à la piscine aujourd'hui.
J'ai rendez-vous avec David.

Vouloir und *pouvoir* können wie im Deutschen einen Infinitiv bei sich haben.

Bei der Verneinung umschließen *ne ... pas* die Form von *vouloir* oder *pouvoir*.
Der Infinitiv wird also nicht in die Verneinung eingeschlossen.

G 40 Das ‚Futur composé': aller faire qc

Handlungen, die in der **Zukunft** stattfinden, kannst du im Französischen durch das *Futur composé* ausdrücken.
Futur composé heißt wörtlich ‚zusammengesetzte Zukunft'.
Warum es so heißt, kannst du aus den folgenden Beispielen ersehen.

Nathalie prépare sa boum avec Annick et Alain:

– **Aujourd'hui**, je **parle** avec mes parents. — **Gegenwart** *(présent)*

Demain, ...

	je	**vais**	**inviter**	les copains.	**Zukunft** *(futur composé)*
Annick,	tu	**vas**	**téléphoner**	à Régis.	
David,	il	**va**	**apporter**	ses CD.	
	Nous	**allons**	**faire**	les courses.	
	Vous	**allez**	**préparer**	des glaces.	
Mes parents,	ils	**vont**	**aller**	au cinéma.	

aller + Infinitiv

Das ***Futur composé*** setzt sich zusammen
aus einer **Präsensform** von ***aller*** und dem **Infinitiv** des Verbs.

Die Verneinung wird genauso gebildet wie bei *pouvoir faire qc* und *vouloir faire qc* (G 39).

Je **vais** **aller** à Paris,
mais je **ne** **vais** **pas** **prendre** l'autoroute A 6.
Il y a toujours des bouchons.

Bei der Verneinung umschließen *ne ... pas* die Form von *aller*.
Der Infinitiv wird also nicht in die Verneinung eingeschlossen.

F/E Eine ähnliche Art, die Zukunft zu bilden, kennst du aus dem Englischen.

E Tomorrow I' **m going to go** to France.

F Demain, je **vais aller** en France.

Die Frage

1. Die Entscheidungsfrage (G 3, G 13)

Intonationsfrage	Frage mit *est-ce que*
Tu aimes les BD?	**Est-ce que** tu aimes les BD?
On va au cinéma?	**Est-ce qu'** on va au cinéma?

2. Die Ergänzungsfrage (Frage mit einem Fragewort und *est-ce que*) (G 17, G 30)

		Frage nach:
Qu' est-ce qu'	on fait demain soir?	Sachen (Was?)
Qu' est-ce qu'	il y a dans le château?	
Pourquoi est-ce que	tu ne viens pas avec nous?	Grund (Warum?)
Où est-ce que	vous habitez?	Ort (Wo?)
Quand est-ce que	Katja va arriver?	Zeitpunkt (Wann?)
A quelle heure est-ce que	le film commence?	

3. Kurzfragen mit ‚Qui ...?' und mit ‚Que ...?'

	Frage nach:
Qui est-ce? **Qui** est Sylvie? **Qui** habite à Paris?	Personen (Wer?)
Que fait David? **Que dit** Sophie? **Que font** les jeunes?	Sachen (Was?)

Regelmäßige und unregelmäßige Verben

1. Die Verben auf ‚*-er*' (G14)

			Imperativ:	Ebenso:
parler (sprechen)	je parle tu parles il parle	nous parlons vous parlez ils parlent	Parle. Parlons. Parlez.	alle regelmäßigen Verben auf *-er*
écouter (an-/zu-)hören	j'écoute tu écoutes il écoute	nous écoutons vous écoutez ils écoutent	Ecoute. Ecoutons. Ecoutez.	
habiter (wohnen)	j'habite tu habites il habite	nous habitons vous habitez ils habitent	Habite … Habitons … Habitez …	

Beachte:

acheter (kaufen; G25)	j'ach**è**te tu ach**è**tes il ach**è**te	nous ach**e**tons vous ach**e**tez ils ach**è**tent	Ach**è**te … Ach**e**tons … Ach**e**tez …	
manger (essen)	je mange tu manges il mange	nous mang**e**ons vous mangez ils mangent	Mange. Mang**e**ons. Mangez.	**corriger** (korrigieren)
commencer (anfangen/ beginnen)	je commence tu commences il commence	nous commen**ç**ons vous commencez ils commencent	Commence. Commen**ç**ons. Commencez.	

2. Die Verben auf ‚*-dre*' (G36)

répondre (antworten)	je réponds tu réponds il répond	nous répondons vous répondez ils répondent	Réponds Répondons. Répondez.	
attendre (warten)	j'attends tu attends il attend	nous attendons vous attendez ils attendent	Attends Attendons. Attendez.	

3. Unregelmäßige Verben

aller (gehen, fahren; G28)	je vais tu vas il va	nous allons vous allez ils vont	Va. Allons. Allez.
avoir (haben; G21)	j'ai tu as il a	nous avons vous avez ils ont	
apprendre (lernen; vgl. prendre)	j'apprends tu apprends il apprend	nous apprenons vous apprenez ils apprennent	Apprends ... Apprenons ... Apprenez ...
comprendre (verstehen; vgl. prendre)	je comprends tu comprends il comprend	nous comprenons vous comprenez ils comprennent	Comprends ... Comprenons ... Comprenez ...
être (sein; G6)	je suis tu es il est	nous sommes vous êtes ils sont	
faire (machen; G16)	je fais tu fais il fait	nous faisons vous faites ils font	Fais ... Faisons ... Faites ...
mettre (legen, setzen stellen; G20)	je mets tu mets il met	nous mettons vous mettez ils mettent	Mets ... Mettons ... Mettez ...
ouvrir (öffnen)	j'ouvre tu ouvres il ouvre	nous ouvrons vous ouvrez ils ouvrent	Ouvre. Ouvrons. Ouvrez.
pouvoir (können; G39)	je peux tu peux il peut	nous pouvons vous pouvez ils peuvent	
prendre (nehmen; G23)	je prends tu prends il prend	nous prenons vous prenez ils prennent	Prends ... Prenons ... Prenez ...
vouloir (wollen; G39)	je veux tu veux il veut	nous voulons vous voulez ils veulent	

Verzeichnis der grammatischen Begriffe

In der linken Spalte stehen die in diesem Grammatischen Beiheft verwendeten Begriffe. Das Grammatikkapitel (G ...) nennt die Stelle, an dem du etwas über den Begriff erfährst. Die mittlere Spalte enthält Bezeichnungen, die dir aus der Grundschule vertraut sind. Manchmal stehen dort auch Begriffe, die zwar in dieser Grammatik nicht verwendet werden, jedoch möglicherweise von deiner Lehrerin/deinem Lehrer benützt werden.
In der rechten Spalte werden die französischen Entsprechungen sowie französische Beispiele aufgeführt.

Verwendete Bezeichnungen	Entsprechungen	Französische Bezeichnungen und Beispiele
Apostroph	Auslassungszeichen	l'apostrophe: *C'est l'anorak d'Eric.*
Artikel (G 8) **- bestimmter ~** **- unbestimmter ~**	Geschlechtswort	l'article ~ défini: ***le*** *pull;* ***l'****anorak;* ***la*** *serviette;* ***les*** *adresses* ~ indéfini: ***un*** *château;* ***une*** *rue;* ***des*** *villes*
Aussagesatz		la phrase déclarative: *Victor est un chien.*
Bindung (G 10)		la liaison (des mots): *des étagères*
Entscheidungsfrage (G 13)	Gesamtfrage/ Ja/Nein-Frage	l'interrogation totale: *Victor est un chien?/ Est-ce que Luc est à table?*
Ergänzung		le complément: *le livre* ***de mon frère****/ Il téléphone* ***à mon frère****./Il invite* ***mon frère****./Il habite* ***à Fontainebleau****.*
Ergänzungsfrage (G 30)	Teilfrage/Frage mit Fragewort/Wortfrage/W-Frage	l'interrogation partielle: ***Quand*** *est-ce que Muriel va à Paris?/ Tu t'appelles* ***comment****?*
Est-ce que-Frage (G 13, 30)	Umschreibungsfrage	l'interrogation avec *est-ce que:* ***Est-ce que*** *Nathalie est là? Quand* ***est-ce qu'****elle rentre?*
Femininum (G 8)	weibliches Geschlecht	le genre féminin: ***une*** *copine*
Fragesatz		la phrase interrogative: *Qui est-ce?*
Futur composé (G 40)	Zukunft	le futur composé: *Demain, je* ***vais regarder*** *la télé.*
Genus (das)	(grammatisches) Geschlecht	le genre: ***un*** *copain;* ***une*** *copine*

Verwendete Bezeichnungen	Entsprechungen	Französische Bezeichnungen und Beispiele
Grundzahlen (G 12, 27)	Kardinalzahlen	les nombres/les (adjectifs) numéraux cardinaux: *un, deux, trois, quatre,...*
Imperativ (G 15)	Befehlsform	l'impératif: *Regarde./Entrons./Répondez.*
Infinitiv (G 14)	Grundform	l'infinitif: *être; regarder; répondre; pouvoir*
Intonationsfrage (G 3)	Frage mithilfe der Satzmelodie	l'interrogation par intonation: *Victor est un chien?*
Konjugation	Beugung des Zeitwortes	la conjugaison: *je regard**e**, tu regard**es**, etc.*
Konjunktion	Bindewort	la conjonction: *Je trouve* ***que*** *ce n'est pas bien.*
Konsonant (G 12)	Mitlaut	la consonne: *b; c; d; f; g; etc.*
Lautbild (vgl. Schriftbild)	= wie etwas ausgesprochen wird	le code phonique
Maskulinum (G 8)	männliches Geschlecht	le genre masculin: ***un*** *copain*
Nomen (G 8)	Substantiv/Hauptwort/Namenwort	le nom/le substantif: *le château, la rue*
Numerus (der)	Zahl	le nombre: ***un*** *copain;* ***des*** *copains*
Objekt (G 26) **- direktes ~** **- indirektes ~**	Satzergänzung Akkusativobjekt Dativobjekt	le complément d'objet – ~ direct: *Nathalie regarde* ***Annick****.* – ~ indirect: *Nathalie raconte une histoire* ***à Annick****.*
direktes Objektpronomen (G 37)	= Fürwort als direktes Objekt	le pronom objet: *Tu* ***le*** *prends? Je* ***la*** *cherche.*
Plural (G 1, 10)	Mehrzahl	le pluriel: ***les*** *livres*
Possessivbegleiter (G 19, 22)	adjektivisches Possessivpronomen/besitzanzeigendes Fürwort	le déterminant/l'adjectif possessif: ***mon/ton/son/****... frère*
Präposition (G 5)	Verhältniswort	la préposition: ***à*** *Fontainebleau;* ***de*** *Paris;* ***avec*** *Arthur;* ***sur*** *le lit*
Präsens (G 14)	Gegenwart	le présent: *Je regarde un film.*
Schriftbild (vgl. Lautbild)	= wie etwas geschrieben wird	le code graphique
Singular (G 1, 8)	Einzahl	le singulier: ***un*** *pull*
Subjekt (G 6)	Satzgegenstand	le sujet: ***Anne*** *est de Paris.*

Verwendete Bezeichnungen	Entsprechungen	Französische Bezeichnungen und Beispiele
Subjektpronomen (G 6)	= Fürwort als Satzgegenstand	le pronom sujet: *je; tu; il; elle; on; nous; vous; ils; elles*
Verb (G 4)	Zeitwort	le verbe: *être, regarder; attendre; pouvoir; etc.*
- regelmäßiges ~		– ~ régulier: *regarder; attendre; etc.*
- unregelmäßiges ~		– ~ irrégulier: *être; avoir; faire; etc.*
Verneinung (G 29)		la négation: *Je **ne** travaille **pas**.*
Vokal (G 5)	Selbstlaut	la voyelle: *a; e; i; o; u; y*

Stichwortverzeichnis

Die Zahlenangaben verweisen auf die Grammatikkapitel